FAÇA DINHEIRO COM OPÇÕES BINÁRIAS:

A ESTRATÉGIA DAS CALENDAS

Especulador de Opções Binárias Livro 2

José Manuel Moreira Batista

Introdução

Todos os dias, os auto-proclamados "experts" de mercados de estoques nos dizem o porquê o mercado aumentou ou diminuiu, como se realmente soubessem. Mas aonde estavam eles ontem antes disto acontecer?

~ Anônimo

Faça Dinheiro com Opções Binárias: A Estratégia das Calendas te apresenta um sistema completo e fácil de seguir para negociar opções binárias de forma bem-sucedida. Este sistema é baseado em uma ideia simples, mas ainda assim bastante poderosa: o que deu certo no passado é mais provável de dar certo novamente no futuro.

O sistema opera apenas uma vez por mês e sempre utiliza o mesmo tipo de opção binária. Configurar uma negociação leva apenas alguns minutos, no máximo: Você apenas terá que olhar em uma tabela se o ativo que escolheu está previsto a aumentar ou decair de um certo valor e o quanto você deveria apostar. Você, então, terá que se conectar à plataforma de opções binárias de seu corretor e inserir aqueles parâmetros. Nenhuma outra ação será necessária até o final do mês.

Faça Dinheiro com Opções Binárias: A Estratégia das Calendas descreve um sistema completo de negociação, ou seja, compreende uma estratégia de negociação e um método de gestão de dinheiro. Este livro começa ao descrever como uma estratégia de negociação é construída. Também explica o conceito de expectativa e como usá-lo para avaliar se vale a pena uma estratégia de negociação e a classificar as estratégias. A lógica da gestão de dinheiro vem a seguir, seguida de uma explicação detalhada sobre como colocar uma negociação mensal.

Estou certo de que você achará este livro bastante útil. Sempre estou à procura de novos conhecimentos e ideias, e dou boas vindas a qualquer sugestão que você possa gentilmente vir a oferecer, a fim de melhorar este trabalho.

Negocie com bom senso, se divirta e lucre!

José Manuel Moreira Batista

PS: Os leitores têm direito a receber um infográfico gratuito da Estratégia das Calendas. Para receber o seu, acesse morbat.com/calendsinfo.

"Esta é uma ótima ideia para qualquer um que queira entrar neste mercado."

Pukanecz

"Eu obtive muito sucesso com isto e consegui bastante dinheiro."

Matthew

"Você deve obrigatóriamente ler isto, caso queira negociar com opções binárias."

Laura Groff

"Este é um livro excelente para qualquer pessoa que deseje aprender sobre as opções binárias no mundo da negociação"

DC7113

"O livro contém valiosas informações sobre estratégias de negociação em opções binárias."

Bookreader

Conteúdo

A Estratégia de Negociação das Calendas

A vida é muito simples, mas a gente insiste em torná-la complicada.

~ Confúcio

Se você for como eu, você gosta de manter as coisas simples. Então, vamos começar por nos comprometermos a somente fazer negociações que tenham dado certo no passado. Em outras palavras, apenas queremos engatar em negociações de altas probabilidades. Com este propósito, nós presumimos que o histórico de uma taxa de sucesso de uma negociação é a melhor estimativa de sua probabilidade de sucesso:

Probabilidade de sucesso = Número de negociações vencedoras / Número total de negociações

Isto, muitas vezes, é também chamado de porcentagem vencedora, proporção de ganho ou ganho%. A probabilidade de uma negociação falhar, também chamada de proporção de perda, é calculada ao diminuir de 1 a proporção de ganho:

Proporção de perda = 1 – Proporção de ganho

Note que se uma estratégia de negociação tiver uma proporção de perda de 90% ou até 99%, não necessariamente quer dizer que não tenha sido lucrativo. O contrário também se dá para as estratégias com 90% ou 99% de porcentagem de ganho: esta informação sozinha não é o suficiente para avaliar se isso será lucrativo ou não. A fim de fazer esta análise, devemos, primeiramente, saber o resultado médio tanto das negociações vencedoras quanto das perdedoras e combiná-las na relação risco-recompensa.

Relação risco-recompensa = Quantidade Média de Ganho / Quantidade Média de Perda

Finalmente, a *expectativa* da negociação combina a relação risco-recompensa e as *proporções de ganhos e perdas* e nos diz se a estratégia será lucrativo a longo prazo.

Expectativa = Relação risco-recompensa x Proporção de ganho – Proporção de perda

Uma estratégia com uma expectativa positiva irá lucrar a longo prazo. Uma estratégia com uma expectativa negativa irá perder dinheiro e, por isso, não deve ser negociada. Se a Estratégia A tem uma expectativa de valor mais alto do que a Estratégia B, então, devemos preferir negociar com a Estratégia A do que com a Estratégia B.

Agora que temos uma lógica e um mecanismo de avaliação a basear as nossas negociações e seus potenciais lucrativos, precisamos de um tipo específico de opção binária para encaixar. A Estratégia das Calendas faz uso da opção binária *Acima/Abaixo* (a opção binária Sobe/Desce também pode ser usada caso o preço à vista esteja abaixo/acima da barreira). Neste tipo de negociação, nós escolhemos uma *barreira*, uma *direção* e um prazo de encerramento. Nós, então, apostamos se o preço de um ativo está mais alto ou mais baixo que a barreira ao fim da data de encerramento. Colocamos as nossas negociações no primeiro dia de negociação de cada mês e escolhemos o último dia de negociação como a data de encerramento. A direção da negociação é determinada pelo que aconteceu mais frequentemente no passado: se o preço se elevou mais vezes do que decaiu, a direção será *Acima*, caso contrário será *Abaixo*.

A foto abaixo nos mostra uma aposta Acima/Abaixo no índice Alemão, DAX, feita através do nosso corretor favorito para opções binárias, o Binary.com.

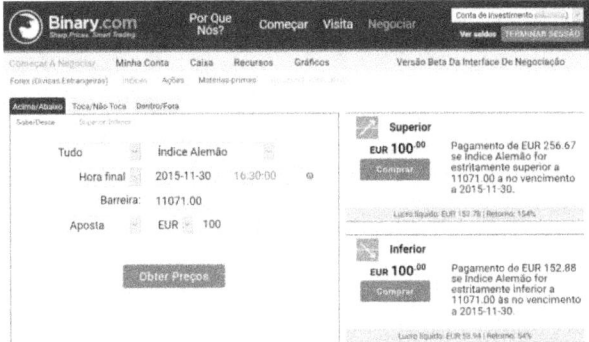

Gestão de Dinheiro

Você pode ser jovem sem dinheiro, mas não pode envelhecer sem ele.

~ Tennessee Williams

Nenhuma estratégia de negociação estará completa sem um *sistema de gestão de dinheiro*. Na verdade, muitas estratégias acabam se tornando lucrativas apenas devido a um sistema sólido de gestão de dinheiro bem colocado e outros falharão completamente pela falta de um. A ideia principal por detrás da necessidade de um sistema de gestão de dinheiro é evitar ter a sua conta varrida ou sofrendo uma perda catastrófica somente em uma ou num pequeno número de negociações. Isto pode acontecer muito fácil, independentemente de ser uma estratégia sólida de negociação. É inevitável que possamos sofrer com inúmeras perdas seguidas de vez em quando. Se apostarmos 10% de nosso capital inicial em cada negociação e sofrermos cinco perdas consecutivas, vamos acabar com somente 50% da quantia a qual começamos. Com uma média de 70% de retorno por negociação, iremos, então, precisar de sete ganhos consecutivos para recuperar o capital perdido e apenas voltar para onde estávamos.

O sistema de gestão de dinheiro que prefiro é o *Kelly %* (também conhecido como *sistema Kelly, critério Kelly ou fórmula Kelly).* Desenvolvido por J.L. Kelly em meados de 1950, foi comprovado ser melhor que qualquer outro sistema de gestão de dinheiro (se a negociação for repetida com a mesma probabilidade de ganho e perda e o mesmo retorno todas as vezes).

Kelly % = [W x (R + 1) - 1] / R

Na fórmula acima, o W é a porcentagem média de ganho de uma estratégia e R é a média de retorno das negociações. O resultado desta fórmula é um número, a porcentagem de sua conta que devemos apostar. Por exemplo, com W=60% e R=70%, o Kelly % é de 2.86%. Então, se a sua banca é de $5000, o Kelly % te diz para apostar a $143 ($5000 x 2.86%).

Embora provado em uma análise definitiva se sair melhor do que outros sistemas, a fórmula Kelly não fornece um trajeto suave e declínios íngremes de crédito tendem a acontecer com alguma frequência.

Se quiser um pouco menos de adrenalina, use metade ou ¼ do Kelly % para se calcular o quanto se deve apostar em cada negociação. Como alternativa, você pode usar o método de porcentagem de gestão de banca. Usando este sistema, você simplesmente investe uma porcentagem fixa de sua conta em cada negociação. Esta porcentagem geralmente se dá entre 2% a 5%. Com um total de banca de $5000, você apostaria $100 ($5000 x 2%) em sua próxima negociação.

A Negociação Mensal

O que nós chamamos de caos são apenas padrões que não conseguimos reconhecer ainda. O que chamamos aleatório são apenas padrões que não conseguimos decrifrar.

~ Chuck Palahniuk

Como dito anteriormente, a estratégia das Calendas se baseia em identificar padrões de preços mensais recorrentes para cima ou para baixo no preço de um ativo. Vamos ver como isso funciona usando o índice NASDAQ 100 como exemplo. A tabela abaixo foi construída usando dados que foram baixados gratuitamente do Yahoo! Finance.

[1] ^NDX : USA: NASDAQ-100				
[2] <-> Cenario base: 0,0% de abertura				
# Anos [3] 24	Retorno presumido:			[4] 70%
Mês	Direção	Ganho %	Expectativa	Kelly %
Janeiro	Acima	69.6%	0.18	7%
Fevereiro	Lower	54.2%	0.32	6%
Março	Acima	66.7%	0.13	5%
Abril	Acima	54.2%	-0.08	0%
Maio	Acima	62.5%	0.06	2%
Junho	Lower	58.3%	0.42	7%
Julho	Acima	58.3%	-0.01	0%
Agosto	Acima	54.2%	-0.08	0%
Setembro	Acima	62.5%	0.06	2%
Outubro	Acima	70.8%	0.20	7%
Novembro	Acima	66.7%	0.13	5%
Dezembro	Acima	62.5%	0.06	2%

Nota: esta tabela é apenas para fins ilustrativos

1 – *^NDX* é a identificação do Yahoo! para o índice NASDAQ 100.

2 – Em um cenário base, a barreira é igual ao valor de abertura do índice mensal, daí a indicação de "0% de abertura".

3 – O número de anos de dados utilizados nas calculações foi 24. Este número é determinado pela disponibilidade de dados. Obviamente, um conjunto maior de dados te dá mais confiança do que um conjunto menor.

4 – Os cálculos presumem que as negociações binárias paguem 70% da quantia apostada, um retorno bastante comum. Isto será relevante para calcular a expectativa de negociação e o Kelly %. Se o retorno da negociação oferecida for menor que 70%, nenhuma negociação deve ser feita.

5 – A *direção* da negociação será *acima* ou *abaixo*. Se os dados antigos mostrarem o preço do ativo elevando sua direção mais frequentemente do que descendo a mesma, a direção da negociação será acima, caso contrário será abaixo.

6 – Esta coluna exibe a taxa de sucesso no passado em cada mês da negociação mostrada. Por exemplo, nos últimos anos o preço de encerramento do NASDAQ 100 em Janeiro era mais alto do que o preço de abertura no primeiro dia negociável do mês em 69.6% das vezes. Em contraste, em Fevereiro estava abaixo em 54.2% das vezes.

7 – Esta coluna exibe a expectativa de negociação de cada mês. Se a expectativa de uma negociação for positiva, tudo bem negociar. Se a expectativa de uma negociação foi negativa, a negociação não deve ser feita.

8 – O Kelly % exibido aqui é ¼ da porcentagem Kelly calculada para cada negociação, que é exatamente o que eu uso para as minhas próprias negociações.

Fazendo negociações

Saiba que tudo está em sua ordem perfeita, quer você entenda ela ou não.

~ Valery Satterwhite

Fazer uma negociação é bastante simples. Vamos supor que você esteja no início de Janeiro e tenha um total bancário de $5000. O NASDAQ 100 abre no dia 2 de Janeiro, o primeiro dia de negociação do mês, com um valor de 3576. Este valor de abertura será a sua barreira para a opção binária acima/abaixo. A direção da negociação está *acima* e você seleciona o último dia de negociação de Janeiro como o último dia desta negociação. Você usa o Kelly % mostrado para determinar a quantia a apostar: multiplicando 7% por $5000, você investirá $350.

Infelizmente, o NASDAQ 100 encerra no dia 31 de Janeiro em 3522, então a sua negociação se depara com uma perda e o total de sua conta agora é $4650.

O NASDAQ 100 abre em Fevereiro em 3524 e você investe $279 (6% x $4650) que irá acabar sendo menor do que o outro mês. Encerrando em 3696, ele surpreendentemente não foi menor! Seu total em conta diminiu novamente para $4371.

Sem se deixar abater, você pega 3675 como sua barreira para Março e aposta $219 (5% x $4371) que o índice encerrará acima.

E continua repetindo este processo todos meses....

Você pode estar se perguntando por que escolhi exemplificar esta estratégia com algumas perdas, o qual não é o caminho certo para entusiasmar as pessoas. O motivo é simples: Eu quero deixar bem claro dentro de você que esta estratégia objetiva lucros a longo prazo e que você irá sofrer perdas de tempo em tempo. Na verdade, você irá ter perdas consecutivas e pode experimentar declínios drásticos. Esta estratégia requer disciplina, paciência e perseverança, por isso não é adequada para qualquer um. Certamente, não é a melhor escolha àqueles que esperam ganhar uma grana preta de forma rápida, apesar que isto também possa vir a acontecer. Tendo esclarecido isto, vamos para as perguntas mais frequentes quanto a esta estratégia.

Perguntas Mais Frequentes

Se você me perguntar uma questão com múltiplas partes, e metade das minhas respostas forem "sim" e a outra metade "não", eu posso apenas fazer uma média entre elas todas e te dar um vago e definitivo "talvez".

~Jarod Kintz

Como se constrói uma tabela usando os cálculos como base?

A primeira coisa a se fazer é obter um histórico de dados dos preços. Os dados de estoques e índices podem ser baixados gratuitamente no Yahoo! Finance. Eles vêm em um formato CSV, que é facilmente importado ao Excel e se você estiver interessado em analisar apenas alguns ativos, isto é tudo que você irá precisar. Mas se você deseja baixar dados com frequência ou de um número significativo de ativos, você deveria considerar adquirir um software específico. Eu uso e recomendo o MLDownloader (Windows) e o StockXloader (Mac). Ambos possuem um preço bastante razoável para se trabalhar. Históricos de dados de pares Forex não se encontram disponíveis no Yahoo! Finance. No entanto, você poderá obtê-los através do software Tick Data Downloader. Este programa grátis possui um uso bastante intuitivo: apenas selecione os pares e o intervalo de tempo que você estiver interessado e clique em *"Start download"*.

Logo após, você irá efetuar os cálculos simples mencionados na seção *"A Negociação Mensal"*. Atualmente, eu uso um programa privado escrito em Python para este propósito, mas por anos eu fazia através do Excel. Eu torno disponível o meu legado de planilhas Excel em morbat.com/boexcel.

Qual ativo eu deveria negociar a cada mês?

Esta é uma questão de escolha pessoal. Você poderia, por exemplo, escolher um índice como o SP-500 ou um par de moeda corrente tal como EURUSD e seguir apenas negociando aquele índice ou moedas. Se a sua conta bancária permitir, você a poderia dividir em uma ou mais contas virtuais e negociar diferentes ativos com cada uma delas. Isto lhe dará a vantagem de diversificar. Outra possibilidade seria seguir um grande número de ativos e em cada mês buscar as negociações com maiores expectativas. Esta é a abordagem que eu adoto.

Poderia me dar um exemplo de um conjunto de regras de negociação?

Claro! Um bom operador possui um conjunto de regras de negociação que ele segue sempre à risca. Aqui vão as regras do trader Reginaldo:

1) A banca de Reginaldo está dividida igualmente em quatro contas virtuais. A conta #1 persegue as mais altas expectativas de negociação de cada mês em todas moedas; a conta #2 persegue as maiores expectativas de negociação para cada mês em todos os índices; a conta #3 negocia EURUSD e a conta #4 negocia USDJPY.

2) Reginaldo nunca sobrepõe suas negociações. Isto significa que com a conta #1 Reginaldo nunca negociará EURUSD ou USDJPY, já que estes pares de moedas correntes devem ser negociados com as contas #3 e #4, respectivamente.

3) Reginaldo somente entra em uma negociação que tem uma porcentagem de ganho igual ou maior que 70%.

4) Reginaldo usa o Kelly % para calcular o quanto apostar em cada negociação.

Qual corretor recomenda?

A Estratégia das Calendas pode ser negociada em qualquer corretor que ofereça os contratos de opções binárias mencionados (Acima/Abaixo ou Alta/Queda) com a duração minima de um mês. Meu corretor de escolha é o Binary.com. Antigamente chamado de *BetOnMarkets*, e já está no mercado há bastante tempo. Sacar o dinheiro é um processo fácil, rápido e totalmente automático, que não requer nenhum telefonema a qualquer "gerente de contas" que seja, o qual o único objetivo é te convencer a cancelar o seu pedido de retirada. Eu geralmente envio fundos e faço retiradas usando o Skrill.

Quanto dinheiro preciso para negociar usando esta estratégia?

Se você usa ¼ da Porcentagem Kelly *ou* 2% da Porcentagem da Conta, um mínimo de $100 é necessário. Se puder depositar $500 ou $1000 isso é certamente preferível. De qualquer forma, sempre siga com o seu próprio dinheiro: nunca, nunca mesmo pegue dinheiro emprestado para negociar.

Seria possível alguém fazer as negociações por mim?

Se você não tiver tempo ou por quaisquer outras razões que você prefira não negociar por si mesmo, por favor, acesse morbat.com/calendstrader para obter mais informações sobre as opções disponíveis.

Obrigado por ler. Se curtiu este livro, por favor, deixe seu comentário na Amazon.

Conheça o Autor

José Manuel Moreira Batista é um investidor e negociante privado e que gerencia interesses privados. Após se formar em Administração de Negócios em 1982, ele entrou para a Força Aérea e, após isso, passou a ocupar cargos executivos em várias empresas multinacionais até 1999.

Naquele ano, ele deixou o mundo corporativo e deu início à consultoria e formação de gestão da empresa que ele possui até os dias de hoje. Ele também ministrou cursos universitários em Finanças Corporativas, Contabilidade Financeira, Contabilidade de Custos e Imobiliária.

Seus livros e cursos orientados para resultados combinam a experiência com uma base teórica sólida a fim de entregar um conhecimento prático e fácil de seguir, trazendo, assim, benefícios imediatos aos leitores e estudantes. Ele mora em Cascais, Portugal.

Aviso Legal

Este trabalho é apenas para fins educacionais. Os resultados do passado não garantem resultados futuros. Todas as formas de negociação envolvem riscos e a negociação talvez não seja algo adequado para você. Você deve sempre consultar um profissional credenciado antes de negociar. Em qualquer caso, só você é responsável por todas as suas decisões comerciais.

O autor e/ou o editor podem ter um relacionamento filial com todas ou algumas das empresas cujos produtos ou serviços são mencionados neste trabalho. Isto significa que, sem nenhum custo adicional para você, eles podem ganhar uma comissão ou crédito, se você decidir comprar qualquer um dos seus produtos ou serviços.

www.ingramcontent.com/pod-product-compliance
Lightning Source LLC
Chambersburg PA
CBHW070802180526
45168CB00004B/1718